中国古代的学校

我们的国粹

金 珠 ◎ 编著

天津出版传媒集团
新蕾出版社

图书在版编目(CIP)数据

中国古代的学校 / 金珠编著. -- 天津：新蕾出版社, 2022.3
（我们的国粹）
ISBN 978-7-5307-7314-7

Ⅰ.①中… Ⅱ.①金… Ⅲ.①封建社会学校-中国-通俗读物 Ⅳ.①G649.299-49

中国版本图书馆 CIP 数据核字(2021)第 242217 号

书　　名	中国古代的学校 ZHONGGUO GUDAI DE XUEXIAO
出版发行	天津出版传媒集团 新蕾出版社
	http://www.newbuds.com.cn
地　　址	天津市和平区西康路 35 号（300051）
出 版 人	马玉秀
电　　话	总编办（022）23332422 发行部（022）23332351　23332679
传　　真	（022）23332422
经　　销	全国新华书店
印　　刷	天津海顺印业包装有限公司
开　　本	787mm×1092mm　1/16
字　　数	56 千字
印　　张	8
版　　次	2022 年 3 月第 1 版　2022 年 3 月第 1 次印刷
定　　价	30.00 元

著作权所有，请勿擅用本书制作各类出版物，违者必究。
如发现印、装质量问题，影响阅读，请与本社发行部联系调换。
地址：天津市和平区西康路 35 号
电话：（022）23332677　邮编：300051

序言

为什么要读国学？

由新蕾出版社约请专家学者编写的中华优秀传统文化启蒙读物——"我们的国粹"丛书与大家见面了，这是新蕾出版社开发的学生启蒙系列图书之一。

启蒙，通俗地说，就是自古相传至今的"发蒙"。"发蒙"这个词最早见于《周易》，后来专门用来指通过识字读书而逐渐脱离懵懂无知的状态。所以一直到今天，进入学校开始识字仍然被老辈人称作"发蒙"。

中华传统文化是中华民族创造的具有伟大成就的文化系统，也是人类历史上迄今为止唯一得到了一脉相承的延续与发展而从未断灭的文化系统。我们应当了解中华先民创业的艰辛，熟悉中华民族优秀的历史传统，把握中华文化的精神特质，自觉地成为中华文化的当代传人。这样，在国学方面的"发蒙"就是不可或缺的了。普及国学知识，进行文化启蒙，"我们的国粹"丛书正可以起到这样的作用。

除此之外，对于正确对待国学，本丛书还有另外一种意义上的"启蒙"，即去除偏见以走出蒙昧。当下应当清除的对于国学的最大的偏见，就是仍然有些人把国学归结为腐朽落后的东西。这种偏见会不自觉地影响到少年儿童，从长远看会危及他们的文化认同感和民族自信心的形成。这是不可掉以轻心的问题。正像中国现代化历程所证明的，中华文化中蕴含着中华民族的民族精神，这是一个民族赖以生存和发展的精神支撑。一个民族，没有振奋的精神和高尚的品格，不可能自立于世界民族之林。而民族精神正是孕育和发展于民族传统文化之中的。离开了民族传统文化，所谓"民族精神"就只能是无源之水、无本之木。中华民族的现代腾飞必然是与中华文化的现代复兴相伴随的。

进入21世纪，传承和发扬中华文化、实现中华文化现代复兴的使命历史性地落到了当代中国人的肩上。新蕾出版社作为国内知名出版社，致力于弘扬中华优秀传统文化与以爱国主义为核心的民族精神，出版"我们的国粹"丛书，可谓有远大的出版眼光和殷切的历史使命感。

本丛书不仅意旨深远，在形式和内容的有机结合上，也做了精心的安排。书中运用了体现新时代特征的活泼灵动的语言、插画，多层面、多角度地表现了中华优秀传统文化的内涵，融知识性、科学性、艺术性、娱乐性和趣味性于一体，寓教于乐，使小读者通过阅读生动有趣的故事，获得国学知识，得到智慧启迪，潜移默化地受到中华优秀传统文化的熏陶，从而提高文化素养，增强民族自信心与自豪感。从这个意义上讲，"我们的国粹"丛书无疑是一套普及国学知识、弘扬中华传统文化的优秀入门读物，必将产生良好的社会影响。

李翔海

中国哲学史学会理事

北京大学中国文化发展研究中心常务副主任

写给小读者的话

  对于现代人来说，去学校接受教育是一件再正常不过的事。从幼儿园到小学、初中、高中以及大学，我国已经建成了完备的现代学校教育体系。十年树木，百年树人，学校教育对于社会的发展具有深远的影响。为了一个孩子的上学问题，往往需要全家总动员。那么，你是否会好奇，我国古代的人们如何接受教育、传承文明？我们的祖先有学可上吗？如果有的话，古代的学校从何时产生，又是什么样的呢？

  我国之所以成为有着五千年文明史的古国，学校教育在传承文明的过程中起了至关重要的作用，在塑造文明的路上立下了汗马功劳。我国古代学校的独特形态和教育思想，甚至在同时期的世界范围内都称得上先进，至今依然留有回响。

我国古代的学校,闪耀着"因材施教"的先进理念,出现过盛唐时期万邦来学的辉煌,推行过最早的素质教育,建立过从国都到乡野、从贵族到平民的完备的教育体系;当然,也存在着重文轻理、重男轻女、重考试轻学习的种种弊端。了解古代的学校,学一学古人的上学经验,听一听古代学校的不足之处,不仅对如何更加完善我们今天的学校教育有借鉴意义,也让我们更能理解中国人的文化之根。

扫码领资源

目录

第1章 古代官学

- 学校的雏形：成均　001
- 上学要占卜：夏商官学的成形　005
- 西周官学：贵族子弟的天堂　009
- 六艺教育　014
- 稷下学宫　019
- 汉魏太学　023
- 文翁石室　028
- 唐代的"六学二馆"　031
- 明清国子监　036
- 分门别类的专科学校　040

第2章 古代私学

- 最初的塾校　046

私学大家：孔子　049

私学的新形式：书院　056

书院里发生的故事　061

清代的书院　064

民间办学奇人：武训　067

第3章　蒙学小讲

形式活泼的蒙学　071

灵活的蒙学读书法　077

蒙学好不好，蒙师很重要　083

第4章　古代学校文化

束脩与学费　088

隆重的入学仪式：入泮礼　093

尊师与拜师　098

古代学校也放假　102

考核与学制　106

学校教育中的女性　111

古代的学生守则　116

读故事
品国粹

第1章

古代官学

学校的雏形：成均

中华民族历来就是特别重视教育的民族，所以我们的学校很早就出现在了历史的长河中。在有文字记载的历史之前，当我们的祖先还处于刀耕火种的阶段，"学校"就已经悄悄地萌芽了。

那时，一个部族的人往往住在一起，到了晚上休息的

时候，人们便聚在一起，围着篝火嬉戏、交谈。他们谈论白天的劳作，谈论刚刚结束的凶险的部落战争，谈论大自然不可思议的神奇力量……那些捕猎技巧最熟练的猎人会向其他人分享成功的经验，最勇猛的武士会传授战争中的格斗技巧，有智慧的长者教导人们要服从自然的规律，巫

师则给孩子们讲述从远古时期流传下来的神话故事。每一个夜晚都这样延续着,人们在口口相传的细语声中彼此学习,这不正像身处一个自由的露天课堂吗?

　　学校的雏形出现在黄帝时期。为了传承本部落的各项规章制度,训练部落勇士们的技艺以提高战斗力,同时也为了教会氏族成员各项劳动技术以丰衣足食,部落首领黄帝便在自己的领地划出一块地方,由部落中的巫师和勇士向部落成员传授各种知识。这种类似于学馆的地方有一个很好听的名字叫"成均"。成均和今天的学校相比要寒酸得多,也许就是用土木垒堆的一座平台或是遮盖了茅草的一间土屋。成均虽然设施简陋,但往往是一个部落的文化中心,所有重要的祭祀仪式、部落会议、政令的发布等公共活动都在这里举行,因而它也承担着部落的教化育人之责。

知识充电站

成均：古籍记载，"成均，五帝之学"。《史记》中记载的五帝即黄帝、颛顼、帝喾、尧、舜，是传说中上古时期炎黄部落联盟的首领。成均就是五帝时期的学校雏形。成均作为学校的代称一直影响着后来的历史，如唐高宗时，曾改"国子监"为"成均监"；1398年，朝鲜王朝设立了最高学府"成均馆"，如今韩国的"成均馆大学"就是在这基础上建立起来的，其中依稀还能看到源自黄帝时代的文化记忆。

上学要占卜：夏商官学的成形

虽然在遥远的黄帝时期就有了学校的萌芽，但学校的正式出场还是要从夏商周三代算起。

夏代，我国有了正式的学校教育，到了商代，学校教育进一步发展，一直到西周才日益完善。也是在夏商周三代，"学""校"这样的字眼才正式出现并具有了我们现在所说的"学校"的意义。那时候，学校有很多不同的名称，除了校、学，还有庠、序、右学、左学、瞽宗等。

"幸亏没生在夏商周三代，要不然，还没上学呢，就先被学校的名字绕昏头了。"你是不是在心里这么想？

不过在考虑这个问题之前,你得看看自己是否有资格去上学。夏商周时期的学校,是彻底的贵族学校,只有王公大臣的子孙才能进入,而平民百姓连边儿都挨不上,就算只是想去游览观光一下,都是不可能的。

有意思的是,学校的教学内容也很特别。"序"原本指的是进行军事训练的场地,"校"是指养马的地方,后来演变成士兵们操演、比武的地方。以校、序为学校的组成部分,充分说明了当时的教育以军事教育为重点。夏商周时期,国家最重要的两件事就是战争与祭祀。那时,社会的文

明程度还不够高,不同的氏族、部落之间常常发生战争,军事实力就显得非常重要,因此我们就能理解这些学校为什么比较重视军事教育了。再告诉你一个小秘密吧:就连我们最为尊重的教师这个职业,也来源于古老的部落战争。"师"原本指的是部落军队的最高指挥官,这些指挥官就是最早的学校的老师。他们不仅是英勇的战士,还是睿智和文化的代表,实在很有意思。

夏商周时期的贵族学校还十分重视祭祀的礼仪教育,比如瞽宗就是专供贵族子弟学习礼乐之处。这就更好理解了,学生都是贵族王孙,他们是国家未来的领导阶层,自然也要懂得祭祀、管理等社会文化活动的知识了。

值得一提的是,商代学校的扫盲教育办得很有水平。什么叫"扫盲教育"?就是扫除文盲,教学生识字和算术,经过这样的扫盲,人们就能读书写字,也能进行最基本的加减乘除了。

商代的学校教育得到了广泛认可,其他方国还派遣留学生特意赶到殷都来学习,这大概是有史以来最早的留学生了吧!

人们在考古发掘出来的一块商代甲骨上发现了这么一句话："丁酉卜，其呼以多方小子小臣，其教戒。"意思就是说：某年某月，国家首领让大祭司进行了一次占卜活动，发现这一天是个好日子，于是就召集了邻国的贵族子弟一块儿来接受军事技术和习乐方面的教育。由此可见，在商代，学校教育多么受到重视——上学还需要占卜呢！

知识充电站

古代的学校之"庠"："庠"这个名称有什么特别的含义呢？《礼记》中有记载，"米廪，有虞氏之庠也"。"庠"这个字的原义是指饲养家畜的地方，后来演变为储存粮食的地方，也就是"米廪"，即米仓。一开始，庠可能是由有道德、有经验、有知识的老人负责管理，他们同时还从事教育年轻人的工作。庠于是就发展成为"养老院"，并承担了一部分教育职能，所以，庠也成了我国古代学校的代称。而庠又被称为"米廪"，因此，后来的学生，特别是官办学校的学生，就被称为"廪生"，意思是吃公家粮的公费生。

西周官学：贵族子弟的天堂

经过夏商的发展，到了西周，学校已经颇具体系了，出现了真正意义上的由国家全面推行的学校教育，也就是官学。

和夏商时期一样，西周的学校也有数不清的奇奇怪怪的名字，有些是继承了夏商两代的叫法，比如学、庠、瞽宗、成均，也有一些是新起的名称。如果你在西周，来到一座叫作"大池"或是"东胶"的宫殿外，也许会有些摸不着头脑，这是什么地方？是游泳馆或食品公司吗？这么想可就大错特错了！它们可是货真价实的学校。

西周的官学同样是贵族学校，普通百姓是没资格入校学习的。但与夏商不同的是，西周不仅在国都创办了面向大贵族的国学，还在全国各地设立了不同层级的乡学，以供地方上的普通贵族子弟接受教育。

西周的官学又分为小学和大学——顾名思义，小学就是小孩子进行启蒙教育的地方，大学则是有一定文化基础的青少年甚至成年人进行深造的地方。

有一种观点认为设在国都的大学叫作"辟雍"，规模最大。里面又分作五个部分："辟雍"处在正中，四面环绕着圆形的水池；水池以南是"成均"馆，是专门教授乐、舞的地方；水池以北是"上庠"馆，是用来教授各种文化典籍的地方；水池以东是"东序"馆，是教授武术、射箭等军事技术的地方；水池以西叫"瞽宗"，是教授道德礼仪、祭祀祖先的地方。最庄严肃穆的要数正中的辟雍殿了，因为这里是天子亲临讲学的地方。与我们今天有专门的教师授课不同，在当时，贵族学校里给贵族子弟授课的教师往往由国家的领导阶层兼任，只有德高望重、地位显赫的官员，才有资格担任学校的讲师。

国都有辟雍,依附于王朝的小诸侯国在都城同样有类似的学校,叫"泮宫"。当然,泮宫的规模就不能和辟雍相比了,它的周围也环绕着水池,但只能是半圆形的,叫作"泮水"。

说完了大学,再来说说小学吧。西周国学中的小学,就设在王宫附近。能进入这所小学学习的都是王子王孙,他们中的大部分就生活在王宫里。将学校设置在王宫附近,也是为了方便王子王孙们上学。此外,在都城西郊还设有一所疑似小学的学校,名叫"虞庠",这所学校面向的是地位稍低的贵族子弟。同时,那些在地方乡学中表现优秀的地方贵族子弟也可以被推荐进入都城的虞庠学习,而在虞庠中出类拔萃的小学生就可以被推荐进入王宫附近的小学,和那些王子王孙一块儿接受教育了。小学专门用于对贵族子弟进行启蒙教育,除了开设识文断字的课程外,还要教授给他们礼节仪式、音乐舞蹈、骑马射箭、书写计算等方面的知识。瞧,西周时代,小学已经在进行"素质"教育了。

现在想想,那时的贵族子弟上学真幸福。学校里设施

齐全,有音乐房、练舞池、射箭馆、跑马场、比武场……他们在冬暖夏凉的广厦内,听老师说着这个国家最高深的学问,窗外波光粼粼,游鱼在水中嬉戏,学园里树木葱郁,还有许多珍禽异兽游走于林间。学生们课余就在院子里嬉戏,骑骑马,射射箭,甚至还能开一场社交晚会。那时的学校,不仅仅是学习的地方,也是贵族子弟聚餐、集会的社交场所。

知识充电站

西周国学小学生的入学年龄：西周的贵族子弟入国学小学的年龄一般是8岁，但也有到15岁才入学的，这与贵族的等级有关，高级贵族可以直接进入国学小学学习，而中低级的贵族必须经过地方学校的层层选拔才能进入国学小学学习。

西周乡学：西周乡学的学校有哪些呢？大体说来有"校""序""庠""塾"四种。《周礼》中说，设立于乡的是"校"，设立于州的是"序"，设立于党的是"庠"，设立于闾的是"塾"。

六艺教育

从西周开始,"六艺"就是中国古代学校的六门必修课。"六艺"是哪六艺呢?那就是礼、乐、射、御、书、数,笼统地说就是礼仪、艺术、射箭、驾车、文字、计算。由此可见,我国古代的六艺教育可是实实在在的"素质"教育,学生不仅要学会读书写字,还要进行德育、美育、体育课程的学习。六艺教育的实施,是根据学生年龄大小和课程深浅循序进行的,有小艺和大艺之分。书、数为小艺,是初级课程;礼、乐、射、御为大艺,是高级课程。

先来说说书和数吧,这是小学教育最基本的文化课。

通过对书、数的学习,学生能够掌握识字著文、算数运算的技能。即使是基础课程,内容也十分丰富。就拿"数"来说吧。在西周时,数学的应用已经十分广泛,古人除了要解决日常的丈量土地、算账收税等实际问题,还要计算天文历法。古代中国人在数学上有着惊人的成就,这不能不归功于我国古代的学校从一开始就十分重视数学教育。

再来说说礼、乐、射、御吧,这些是大学里的重点课程。

礼就像我们今天的德育课,主要教授给学生当时的各种制度、道德规范和行为规范,使学生养成君子人格。我国是一个礼仪之邦,特别是在古代社会,各项礼仪制度十分复杂,比如说,有用于祭祀的"吉"礼、用于丧葬的"凶"礼、用于田猎和军事的"军"礼、用于朝见或诸侯之间往来的"宾"礼、用于宴会和庆贺的"嘉"礼等。门类如此繁多,参与者的每一个动作都要合于礼的要求,可以想象,那些贵族子弟要学的内容可真不少。

乐则是一门综合艺术课,它可跟我们今天的音乐课不一样,它不只有音乐,还有朗诵、舞蹈、绘画等所有你能想到的艺术门类。在古人看来,乐具有教化功能,对美好心灵

品质的培育与提升有所帮助,所以,乐的内容也往往和伦理道德教育紧密相连。

上礼、乐课太严肃了,那么射、御课,相当于我们今天的体育课,应该很有趣了吧?有趣确实有趣,可是一点儿也不容易。射、御并不是简单的射箭、驾车而已,里面有很大的学问呢!射、御的内容分别是五射、五御,每一个项目都不简单。

你是不是有点儿不服气?不就是射箭和驾车吗?我们现在的小学生会玩飞镖,会骑自行车,还会玩滑板呢,难道还比不上古人?

好吧,就让我们一起回到西周的学园中,亲自体验一下古代的体育课吧。

今天的射箭课学的是"井仪"。什么是井仪?别急,老师已经在讲解了:"通过前几堂课的学习,大家应该已经掌握了如何射中靶心的技巧,今天就不重复了。现在要学习的是'井仪',要求每个人连发四箭,这四箭要不偏不倚地射在靶心四周,上下左右排列得就像个'井'字!"

赶紧溜吧!咱们能不能射中靶心都难说,更何况是要

射成一个"井"字！还是去上驾车课好了。

驾车课已经开始了，今天讲的是"舞交衢"，老师已经在说要点了："上节课，我们学习了'过君表'，大家都能驾着车顺利地通过辕门而不碰到石磴了。今天我们学习一种新技术——'舞交衢'，也就是驾车经过交叉道准备转弯时，驾姿一定要合乎节拍，动作要优雅如舞蹈一般……"没想到吧，驾个车还要像舞蹈一般，这西周的"驾照"也太不好考了！

这样一对比，古代的"素质"教育很不好混啊，古人的学习一点儿也不比我们轻松呀！这是因为射、御其实是军事训练课，想要成为一名合格的战士，自然不容易啦！

知识充电站

六乐：古代"乐"中的"六乐"其实是指夏商周里六代帝王统治时期的舞蹈，分别是"云门""大卷"（黄帝乐）、"大咸"（尧乐）、"大磬"（舜乐）、"大夏"（禹乐）、"大濩"（汤乐）和"大武"（武王乐），都是一些肃穆庄严的古典乐舞。

五射和五御："五射"是指"白矢""参连""剡注""襄尺"和"井仪"，五御是指"鸣和鸾""逐水曲""过君表""舞交衢"和"逐禽左"。

稷下学宫

说到春秋战国时期的学校教育,百家争鸣的学风是一大特色,最有代表性的当数战国时齐国的官办高等学府稷下学宫了。

为什么叫"稷下学宫"呢?"稷下"有什么特殊含义吗?

"稷下"指的是稷门附近地区。齐国国都在临淄,而稷门则是国都的一个城门。当时正处于列国纷争、诸侯称霸的时代,齐国被田氏夺取了政权,新生的政权需要各种人才,于是,当时的齐王就在稷门附近建起了巍峨的学宫,招揽天下贤士。稷下学宫就这样发展起来了。

稷下学宫是齐王亲自兴办的学校,因此,政府对学宫里的师生给予特别优待,封了不少著名学者为上大夫和大夫,还让他们领取相应级别的"工资"和"奖金",并允许师生们自由议论国家大事。自由的风气加上优渥的办学条件,自然吸引了一大批有识之士来此讲学、学习。

与夏商西周时期的贵族学校不同,稷下学宫虽然也是官办之学,却有着很自由的教学氛围,它接纳了来自各个

国家、各个阶层拥有各种学术思想的学者们，几乎容纳了当时"诸子百家"中的各个学派。当时的很多名人，比如说擅长辩论的田骈、儒家大师孟子、博学多才的淳于髡，都曾在这里讲过学、授过课。据说，田骈、孟子的徒弟都有几百人，而淳于髡作为领袖人物，则有弟子三千人。由此可见，稷下学宫的学子规模可不是一般的大。这也是因为当时的齐国有钱，才能划几条街专门建造庄严巍峨的学宫，不然，普通的几间屋子可装不下这么多人。

稷下学宫的首领被称为"祭酒"，就相当于我们今天学校的校长，大思想家荀子曾经连续做了三任祭酒。稷下学宫的学风非常自由，学生可以凭自己的喜好来向自己喜欢的老师求学，而持不同学说的老师也可以自由地在这里收学生、做讲座，就连学宫的祭酒都是师生们共同选出来的。

稷下学宫里的教学活动很自由，但日常管理并不乱。学宫里有严格的规章制度，学生要遵守学生守则，从饮食起居到学习活动，再到品德修养，都要合于规范才行。

稷下学宫的蓬勃发展给齐国培养了大批人才，各种学

说的碰撞激发了文化的大繁荣,从而使当时的齐国成为诸侯国中国力最强的国家,称霸一时。由此可见,教育的蓬勃发展对于一个国家的文明进步起着极其重要的作用。

汉魏太学

汉代的最高学府是太学,太学是怎么出现的呢?《汉书》中说,这跟大学问家董仲舒有莫大的关系。汉武帝时期,皇帝常常亲自策问从地方推举上来的读书人的文化水平。董仲舒参加了三次由皇帝亲自主持的策试。

董仲舒三次参加策试的回答被集结在《举贤良对策》中。他在对策中建议:"如今天下太平,陛下却苦于找不到更多的人才来帮助您管理国家,我希望您能建立一所国家大学以培养人才。"

汉武帝听取了董仲舒的建议,在都城长安建立了全国

的最高学府——太学。太学里的老师被称为"博士",太学的学生就是"博士弟子",后来也称"太学生"或"诸生"。由于当时的皇帝推崇儒家思想,所以,兴办太学旨在培养精通儒家经典的人才,太学里使用的"教材"如《易经》《诗经》《尚书》《礼记》等,都是儒家学派的经典著作。

　　太学生有一定的名额限制。在规定名额内的是正式生,由官府供给伙食以及学习费用,相当于公费生;还有一部分是在名额以外被选送入太学的特别生,各种费用都要

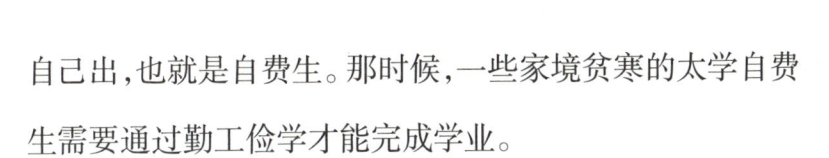

自己出，也就是自费生。那时候，一些家境贫寒的太学自费生需要通过勤工俭学才能完成学业。

在汉代，太学的规模迅速发展起来。太学刚刚开办的时候，博士弟子的名额只设置了五十名。到了汉元帝时，博士弟子已经增加到了一千多人，汉成帝时增加到了三千人。王莽执政后，为了笼络儒生，获得支持，更是大兴学馆、修筑校舍，录取的博士弟子有一万余人，太学的规模之大，前所未有。

东汉时期，太学得到了进一步的发展。由于朝廷迁都洛阳，汉光武帝刘秀就在洛阳城重新兴办太学。后来的皇帝不断对太学进行重修和扩建，在汉顺帝时光校室就不下千间，到了汉桓帝时太学生多至三万余人。

作为最高学府的学生，太学生们不仅如饥似渴地学习文化知识，也十分关心当时的政治事件。西汉汉哀帝时期，就曾经发生了这样一件轰动天下的事。有一天，丞相孔光外出巡视，他的随从们本应该走小道，却违反规定驱车在中央大道上乱跑，正巧被当时的司隶鲍宣遇见。刚直不阿的鲍宣就把这些违规的随从拘捕起来。这可就得罪了丞相

孔光,孔光跑到皇帝面前狠狠告了鲍宣一状。皇帝偏袒丞相,以"以下犯上"的罪名判鲍宣死刑。来自济南的王咸当时正在太学读书,是博士弟子,他听闻了这件事,愤愤不平。他用布制成一条长长的幡旗,来到太学里的大院子中央,高举幡旗说道:"想要救鲍司隶的,请到旗子下面集合!"不一会儿工夫,就聚集了一千多名太学生。第二天,王咸就带着这一千多人在上朝的路上围住了丞相孔光,表示抗议,并请求皇帝免除鲍宣的死刑。后来,皇帝也没办法,只能免除鲍宣的死刑,改为轻判。这就是历史上有名的"王咸举幡"事件。

知识充电站

策试:策试是汉代的一种笔试,由考官出题,有时皇帝亲自出题,题目包括政治、军事、经济、文化等各个方面,内容非常广泛,考生必须写出有水平的答卷,分析形势,提出有价值的意见。

太学生议政：太学生议政事件在我国历史上发生过多次，留下了许多可歌可泣的故事。在魏晋时期，名士嵇康被当权者找借口判处死刑。行刑时，太学生三千人包围了刑场，抗议呐喊，要求释放嵇康，并要求嵇康担任太学的老师。虽然营救嵇康的行动最终失败了，嵇康在三千太学生面前演奏了一曲《广陵散》后安然赴死，但太学生们敢于向不公正发出自己声音的精神却一直延续下来。

文翁石室

在四川成都,有一所非常有名的中学——石室中学,这是一所省级示范性高级中学。石室中学的前身是由两千多年前的蜀郡太守文翁创建的,是汉代第一所地方官办学校,也是世界上现存历史比较悠久的学校之一。

古时候,四川地区被称为蜀,秦国兼并蜀地之后,在那里设置了蜀郡。西汉景帝末年,文翁任蜀郡太守。蜀地是个什么样的地方呢?唐代大诗人李白是这样描绘的:"蜀道之难,难于上青天。"就是说,要进入蜀地可不是一件容易的事,简直比登天还难。蜀地的偏僻由此可见一斑。由于独特的地理位置,蜀地一直是一个很闭塞的地方。外面的人难以进去,里面的人也不易出来。闭塞的直接结果就是文化的落后。汉代推崇儒家文化,讲究礼仪道德,而蜀地一直被视为蛮邦。那里民风粗野,远古时代流传下来的巫祝之风盛行。

  文翁自幼饱读诗书,在担任蜀郡郡守以后,为了改变蜀地闭塞、落后的状况,推行礼仪教化,他从兴办教育入手,在成都设置学校,创建郡学,以石头修筑校舍,称为"石

室"。文翁先是选派官员远赴当时的国都长安进行学习,学成归来后,择优担任石室的老师;又鼓励各县官民的子弟入学,入学者可以免除徭役,学生成绩优异的,还被委以县吏的重任。正是因为郡学生享有很高的政治地位和优厚的待遇,官民们纷纷把子弟送入石室学习。

经过文翁的倡导,蜀地学风大兴,史书中评论他的功绩时说道:"今天巴蜀之地文雅的风气,都是文翁教化的功劳。"后来,汉武帝将石室的成功案例推行到全国,下令所有的郡国都要建立官学。从此,由政府开办、面向平民招生的官学就在地方上推行起来了。

知识充电站

文翁:文翁,名党,字仲翁,故乡在今安徽省舒城县。今天,在文翁故乡,还有为了纪念他而命名的文翁小学、文翁中学。

唐代的"六学二馆"

随着朝代的更替,太学的命运跌宕起伏。到了西晋,政府又在太学之外设置了"国子学",隋、唐、宋、元、明、清之时,国子学又有"国子监"的叫法。名字虽然变来变去,但性质没变,都是古代的中央官学,也是我国古代教育体系中的最高学府,相当于我们今天的大学。能进入国子监学习的人,都是天之骄子。

盛唐时期,中国社会的文化教育获得了极大的发展。中央官学虽然同前朝一样,也有"太学""国子学""国子监"这样的叫法,但比起之前要完备、系统得多,号称"六学二

馆"。

"二馆"指的是崇文馆和弘文馆。两馆都是直接面向贵族子弟招生的学校,每馆只招收几十名学生,普通人难以企及。

"六学"指的就是国子监掌管的中央六学了。唐代的国子监是最高教育管理机构,国子监下设置了国子学、太学、四门学、律学、书学、算学六所大学。这六所大学虽然都是国家官办学校,但又有所不同。国子学、太学、四门学相当于我们今天的综合类大学,主要教授学生儒家经典,面向高级官员的子弟招生;律学、书学、算学则相当于专科学校,学习各种专业知识,面向八品以下官员的子弟和平民百姓招生。

起初,"综合类大学"的招生人数很有限。唐高祖时,国子学招收三品以上官员的子弟,招生名额只有七十二个;太学招收五品以上官员的子弟,名额有一百四十个;四门学招收七品以上官员的子弟,名额有一百三十个。随着社会的发展，招生名额还在不断增加，多的时候总共能达到八千人。而且，除了位于长安的中央官学，唐代在各地方也建立了完备的教育体系，有郡学、县学等。在这些隶属于国子监的国家公办学校里，所有官学学生的食宿都由政府负责，学校里的教员和管理人员也都拿官禄。

唐代的国子监已经开始实行选修课和必修课并行的机制了，教育理念相当先进。随着科举考试制度的完善，唐代国子监也建立了完备的考核、奖惩和毕业制度。考试不合格的，要留级；考试成绩不佳的，要被罚"停公膳"（停止享受公费待遇）；学生操行顽劣的，会被勒令退学；考试合格的，可以继续深造学习，四门学的学生升入太学，太学生升入国子学，也可以直接去参加科举考试。

在唐代，国子监六学可是相当有名、相当热闹。如果你来到大唐的任何一所大学外面，走着走着可能就会遇到一群高鼻梁深眼窝的外国人，或是一群长着东方面孔却叽里呱啦说着你听不懂的语言的人。请注意，这些可都是来自异邦的留学生，他们可能来自今天的伊朗、印度、斯里兰卡、越南、日本、朝鲜、韩国等国家。他们有些是政府委派来

的留学生,有些则是自费或是带着商人的赞助而来的留学生,其中甚至有许多异邦的王子和贵族。当时的国子监堪称世界一流学府,来大唐学习的留学生最多时能有上万人,这些留学生一般都会被安排到国子监六学进行学习。盛唐时期的国子监六学吸引着周边各国学子的目光。

不管从哪个方面看,唐代的官学体系都已经相当完善了。而完善的学校体系也为国家输送了大量的人才,从而造就了盛唐的繁荣。宋代依旧沿用唐代的教育体制,分设西京(洛阳)国子监、东京(开封)国子监,后来名臣范仲淹改革,将当时的应天府书院升为南京(商丘)国子监,这样,三京国子监就并列成为北宋的最高学府。

明清国子监

到了明清时期,国子监虽然把律学、书学、算学排除在外,但它的规模更大了。

同唐代的国子监主要面向官员子弟招生不同,明清时期,进入国子监学习的生员并没有出身和年龄的限制,一般人家的子弟都可以入学,所以,国子监学生的数量大大超过以往,到了明代永乐年间,国子监生员人数已经突破一万了。

那么,这时的国子监到底是个什么样的地方呢?让我们来看看明代的国子监吧。

明代在南京、北京分别设有国子监。设在南京的国子监被称为"南监"或"南雍",而设在北京的国子监则被称为"北监"或"北雍"。南京国子监规模宏大,校内建筑有射圃、仓库、疗养所、储藏室,还有教室、藏书楼、学生宿舍、食堂,甚至还有酱醋房、水磨房、晒麦场和菜圃,共有房屋两千余间,占据了方圆数十里。如果你有机会去南京旅游,一定要去四牌楼、成贤街,因为那里就是明代国子监的所在之处。玄武湖边、鸡笼山下,从四牌楼到成贤街,都是国子监的辐射范围。成贤街两旁植满了槐树,每年四五月间,槐树开花时,满路芬芳,散发着幽香的槐花常常会落到行人身上。伫立在槐花飞扬的路上,你一定能感受到千百年来中华文脉

在这里流淌的痕迹。

国子监里往往古槐成片,这是因为我国自周代起就有"面三槐,三公位焉"之说,即在皇宫大门外种植三棵槐树,分别代表太师、太傅、太保的官位。所以在古代,人们就把槐树视为"公卿大夫之树"。在国子监里广植槐树,有学生们可以考中高官的寓意。

国子监的学生被称作"监生"。当时的监生主要有三种,第一种是官生,是由皇帝指定,出于特恩,不用经过考试就能入监学习的学生,这类人数量较少;第二种是民生,

南京的国子学(国子监)牌坊

南京成贤街

其中由地方官保送，需要参加国子监考试的学生占比相当大；第三种是外国留学生，大致来自邻近的朝鲜、日本、暹罗等国。也有人认为，外国留学生应该算在官生里。

遥想国子监鼎盛之时，灯火相映，盛况空前，当时的邻邦日本、高丽、暹罗、琉球等国，非常羡慕中国的文化气象，不断派留学生到南京国子监学习。国子监的学生们生活也很潇洒。国家给予这些书生的待遇是很优厚的，监生们的伙食并不差，而且全由国家供给，有妻子儿女的每月还额外发给米粮。国家还会按时令发给衣物、被褥。每逢节假日，监生们还可以领到"赏节钱"。那时三五成群的监生若逛城南，就要经过成贤街。一路槐花香，监生们穿着特制的士子衣冠，风流儒雅地从街上走过，路上行人无不注目，他们看着这些监生的眼光一定是无比羡慕的呀。

分门别类的专科学校

在古代,除了有广泛学习文化知识的普通学校,还有一些专门学校,就像我们今天的专科学校,专门用来培养各种特殊人才。

要说我国古代的第一所专科学校,那就要回溯到东汉时期了。在东汉灵帝时期,出现了一所文艺专科学校,因学校设在洛阳鸿都门而取名为"鸿都门学"。鸿都门学不仅是中国最早的专科学校,而且也是世界上创立最早的文艺专科学校,是专门用来学习、研究辞赋、尺牍、书法、绘画创作及教学的学校。

汉灵帝本人是一位具有艺术气质的皇帝，他酷爱辞、赋、书、画，当时的一些宦官便投其所好，同时也是为了给自己招揽人才，兴办了这所新型学校。鸿都门学和当时国家主办的正统大学完全不一样，招收的学生大多数是士族看不起的平民子弟，但这些平民子弟在文艺创作方面十分有天赋。

鸿都门学在当时办得十分红火，规模也很大，可惜好景不长，随着社会历史的一些原因，很快就停办了。

鸿都门学虽然开办的时间不长，可是类似这样的文艺专科学校在中国的历史上却并没有消失。比如说创建于西晋的书学，一直到唐宋都很兴盛，这是中国古代专门学习、研究书法艺术的学校，对于我国书法艺术的发展和流传起到了很重要的作用。

到了唐代，专科学校就更多了。我们前面说过的国子监六学中，律学、书学、算学都是专科学校。

律学是中国古代学习法律的高等专科学校。三国魏明帝时期，设置律博士，这是律学成为专科学校的开始。此后的各朝代，大多设置律学博士，教授法律。律学从魏明帝时创立，直到宋末，其间虽几经兴废，仍然延续了近千年之久，是中国历史上存在时间最长的专科学校。

算学是培养数学人才的专科学校。唐代算学的学生，一般在14岁到19岁之间入学，学习期限为九年。此外还有专门学习中医学、天文学，甚至兽医学的专科学校。唐代设立了太医署，相当于现在的医科大学，设置了四科一局，即医师科、针师科、按摩科、咒禁科和药园局，各种专业应有尽有。要是能在太医署进行系统的学习，出来当个"神医"应该是没有问题的。

唐代还有一系列的音乐教育机构，如教坊、梨园、大乐署、鼓吹署等。这些音乐机构专门教授音乐课程，培养的是为贵族服务的音乐人才。唐代的舞乐特别流行，唐明皇还为杨贵妃谱写了一首《霓裳羽衣曲》。

除了上面列举的这些之外，我国古代还出现了一些专门的工艺学校。像铸造、木工、雕刻之类，都有专门的学习场所。在这些工艺学校里,往往是由技艺最高的师傅来教授学徒。唐代已经有非常细分的技工教育了,比如镂细(相当于雕刻工艺)要学四年,车辂器乐(相当于制造行业)要学三年,冠冕弁帻(相当于服装行业)要学九个月,等等。不过,在这些工艺学校里学习的学徒,生活就比较艰苦了。当时民间的一些学徒常常要从师三年,第一年跟着师傅打杂,第二年学艺,第三年就算满师了。满师要办出师酒,出了师还要为师傅帮工一年,算是熟练期,之后才能独立工作。当学徒期间,师傅管吃、住,徒弟要帮师傅做家务——劈柴、挑水、做饭,要想学成手艺出师可不那么容易呢。

到了宋代,有一位皇帝宋徽宗是一个大画家,他开办了一所专门培养绘画人才的专科学校——画学,掀起了一股"学画热"。作为宋代皇家美术学院,画学的招生非常严格,极其注重学生的文化修养。当时的招生考试主要是命题作画,也流传下来许多逸闻趣事。有一次,考试的题目是"竹锁桥边卖酒家",应试的学生都在"酒家"上下功夫,有的画了小巧玲珑的酒楼,有的画了古朴简单的酒棚。有一位考生却独辟蹊径,画上没有房屋,没有人物,他只画了桥

头竹外挂着一幅酒帘,上面写着"酒"字,画的意境就出来了,这幅画得了当年考试的第一名。

通过考试之后,画学学生不仅要学习怎么画画,还要学习提高其文化素养的文化课。通过如此严格的培养手段,宋代画坛人才辈出,宋代绘画得到了空前的发展,被誉为"中华民族绘画的'百代标程'"。

知识充电站

医学：南北朝时开始设立医学，到了唐宋两代大加发展，渐渐迎来中国医学的鼎盛时期。中国许多医药学名著和传统医药成果流传到了国外，至今仍在世界上享有盛誉。

武学：武学是宋代创设的军事学院，是专门培养高级军事人才的学校。武学学生主要学习诸家兵法、弓矢骑射等理论和技术，以及历代用兵成败的经验教训等课程。学校供给食宿，学满课程，考试合格的学生会被授予官职。

读故事
品国粹

第2章

古代私学

最初的塾校

塾校是我国古代学校的一种非常重要的形式。不过，古人为什么将有的学校称为"塾"呢？塾又是什么样的呢？

如果你认真读了前面的内容，应该记得，西周时，塾就已经出现了。在西周，塾是设立于闾这个层级的乡学。在古代，闾的范围大概只有二十五户人家，也就相当于我们现在的一条弄堂、胡同或者小巷,塾就是设置在这里的学校,所以,塾可以说是设置在基层的小学校了。

起初,塾并不是学校。那时,在巷口的大门旁边,往往会有一座面积很大的公用堂屋,大概就像我们现在的街道办事处一样。当新鲜的瓜果成熟采摘之后,人们就聚集在这个公用堂屋里集体品尝美味的果实,这个公用堂屋就是塾。

聚会很热闹,大家都喜欢。可是庆祝瓜果成熟的聚会一年中只在特定的季节才举行,这么大的堂屋就这么空着实在太可惜了。后来,就算不是"瓜果节",乡邻们也没事就跑去塾里面坐着,聊聊天儿,听有见识的人谈论谈论国事,听有学问的人讲讲文化礼仪。

慢慢地,大家养成了早晚各去一次的习惯。每天早晨,当人们外出劳动时,经过大门,会先去塾里听听长辈们的教导;每天傍晚,当人们日落而归时,经过大门,同样要去塾里听听长辈们的议论。天长日久,乡邻们在这种熏陶中学习了知识,也长了见识。于是,塾就从一个聚会的地方变成了专门的学校。而在作为学校的塾里,担任老师的就是

间里面那些年高德劭、有见识有智慧的人。

塾有很多种，有乡塾，就是我们刚才说的设立在街道面向社区子弟的学校；也有家塾、私塾，是指一些豪门大户在自己家中开辟出专门的塾屋作为私人学堂，聘请当时有名的老师来给自己家族的子弟传授知识。

私学大家：孔子

夏商西周时期，"学在官府"的情况一直没有改变，上学是只有贵族才能享有的特权。这样的局面随着东周的衰落渐渐被打破。

东周的衰落有一个重要的标志性事件，就是周都东迁。搬一次家都是一项大工程，更何况是一整座国都的迁移呢？而且是几千年前交通不便、工具缺乏情况下的仓促逃离。东迁导致许多掌握高深知识的史官、乐官流落民间。这些流落民间的知识分子，也就是前国家教师们，就开始在民间广收门徒，讲学授业，私学就这样出现在了中华民

族的历史舞台上。

整个春秋战国时期，私学都极其兴盛，其中最负盛名的私学老师就是大教育家孔子。

说到孔子对我国学校教育的贡献，他要是称第二，那就没人敢称第一了。他是我国私学兴盛的重要领军人物，在他办学的过程中出现的许多新鲜事物一直影响到后世，有些甚至被沿用至今：

比如说，入学要先拜孔子像；孔子讲学有一个专门的地方——"杏坛"，后来，"杏坛讲学"就被用来专门指老师进行教学活动；孔子招收学生时收取的学费"束脩"，也成为我国古代学费的代名词……

办私学的老师并非只有孔子一个，为什么他能被称为"至圣先师"呢？

孔子出生在春秋末期鲁国的一个没落贵族家庭，这种出身给予了孔子接受贵族教育、掌握各种知识的机会；再加上孔子本人天赋很高且极其好学，他后来成了一个精通"六艺"的博学之士。

孔子三十多岁的时候开始收徒讲学，相传他有弟子三千人，得意门生七十二人。孔子办学与别人不一样，他不拿架子，学生零门槛入学。他最常说的一句话就是"有教无类"，不管是大贵族还是平民百姓，只要真心向学，他都会收为弟子并且一视同仁。正因为这样，孔子的私学改变了之前贵族独享教育资源的状况，平民也能在学校学习各种

曲阜孔庙的杏坛

知识了。

如果你今天去山东曲阜孔子的故居旅游，还能在孔庙里看见一棵挺拔高耸的桧树，桧树北面有一座彩绘精致、小巧玲珑的杏坛，坛前有四棵杏树，相传孔子当年就是坐在这座坛上弦歌讲学，指导弟子读书的，"杏坛讲学"即源于此。一直到今天，人们依然用"杏坛讲学"这个词语来形容有名望的老师所进行的讲学活动。

孔子的教育方法也特别先进。他的独门秘诀就是"因材施教"——分析每个人的特点，针对学生的弱点对症下药地进行教育。有一次，子路向孔子请教说："我们听到了一件要去做的事，是不是应该马上做？"孔子略加考虑后回答说："有父兄在，应该先问问父亲和兄长的意见，怎么能一听到消息就去做呢？"冉有也提出同样的问题，孔子却同意他马上去做。学生公西华觉得奇怪，便问孔子为什么同样的问题有两种不同的回答。孔子听了笑了笑，对公西华说："子路的性格很急躁，所以叫他慢一些去做。冉有胆子小，有点儿慢半拍，所以叫他马上去做。"公西华听了恍然大悟。

孔子还特别重视启发教育。对一个问题，他并不急于给出答案，而是让学生们自己思考；如果学生给出了答案，孔子也不会直接肯定或否定，而是针对其中的合理之处和不合理之处分别给出意见。正因为孔子循循善诱，他的弟子中出类拔萃的学生特别多，以孔子为代表的学派——儒家，成为中国历史上重要的文化学派之一，孔子本人作为

教育家的杰出代表,被后世尊称为"至圣先师"。

在整个春秋战国时期,像孔子一样开办私学讲授学问的大师有很多,他们既传授了自己所推崇的学问,也开创了自己的学术门派,比如墨翟的墨家、许行的农家,还有道家、法家、兵家、阴阳家等,一时之间热闹非凡,真可谓百家争鸣。

这些私学各有特点,带有明显的本门本派的风格。比如说郑国邓析开办的法律学校,专门传授给人们律法知识,教人们怎么"打官司"。邓析规定,学打大官司的学费是一整套衣服,而学打小官司则只需要交一条裤子、裙子这样的下装就可以了。当时,人们为了能来学习,纷纷向邓析献衣,邓析家可算是"衣满为患"了。以我们今天的眼光来看,邓析算得上一个"服装发烧友"。而与他正好相反,墨翟的墨家学派最看重俭朴之风,他要求学生养成吃苦耐劳的品质,从老师到学生,都极其朴实无华,常常脚踩草鞋、穿着破衣烂衫去推行他们的学说。

知识充电站

孔子的学生你认识几个：据说，孔子的门徒有三千人，而非常出名的有七十二人。在德行方面的高才生有颜渊、闵子骞、冉伯牛和仲弓，在言辞方面的高才生有宰我、子贡，在政事方面的高才生有冉有、子路，在文学方面的高才生有子游、子夏。

私学的新形式：书院

自从孔子时代私学兴盛之后，私学这一形态就一直没有消失过。到了汉代，出现了"精舍"，又叫"精庐"，是由当时的一些大学问家开设的私学；到了唐宋时期，书院盛行，私学就更繁盛了。书院一开始还是官办，后来就逐渐变成了私人讲学的地方。古代的书院通常都是由一些著名学者所创建和主持的，培养了一大批杰出的人才。

中国历史上出现过数量非常之多的书院，其中有一个非常有名的就是白鹿洞书院。

唐代的时候，洛阳人李渤和他的哥哥李涉在江西庐山

找了个风景优美的地方隐居读书,他们很有闲情逸致,还养了一只白鹿嬉戏娱乐。日子长了,人和鹿之间培养出了感情,这只宠物鹿已经能读懂主人的心思了。小鹿平常就跟随在李渤兄弟身边,有时候还能帮忙跑腿,到离庐山很远的县城替主人购买书、纸、笔、墨等文房用品。因为这个原因,当时的人们就给李渤起了个外号,叫他"白鹿先生",把他隐居的地方称为"白鹿洞"。到了南唐,朝廷在白鹿洞办起了学校,这就是白鹿洞书院的前身。白鹿洞书院后来成为宋代

四大书院之一,但是在北宋皇祐六年毁于战火。

　　白鹿洞书院的重回巅峰要感谢一个人,那就是南宋著名的思想家、教育家朱熹。

　　朱熹在白鹿洞附近的县城,也就是当年小白鹿替李渤兄弟购买笔墨纸砚的地方当了个小官,上任后,他特意去探访了白鹿洞书院遗址。他觉得这个地方非常好,适合读书,于是重建了白鹿洞书院,并且亲自担任书院的"校长"。历史上,书院的校长有着非常风雅的名号,由于大多数书院都是依名山而建,藏于山中,所以,书院的校长就被称为

白鹿洞书院

"山长",或者被叫作"洞主""堂长""院长"等。

朱洞主上任后,亲自给弟子们讲学,他渊博的知识吸引了一大批文人雅士前来学习。他还详细确定了书院的各种规章制度,要求学生修身养性,不仅要学习知识,更要学习做人的道理。朱熹使得白鹿洞书院迅速振兴,并且成为当时和后世的典范。

白鹿洞书院真是一个适合读书的好地方。书院里各种建筑错落有致,亭台楼阁古朴典雅,名花异草姿态各异。那时候能在白鹿洞书院读书可是一件很幸福的事情。

像白鹿洞书院这样的私立学校还有很多,大多数都建立在风景优美的山林之中。风景好还不算什么,书院最大

的特色就是师生关系特别融洽,教学活动特别自由。那些洞主或山长经常会邀请社会上的名人前来讲学,山长之间也经常交流讲学,而且特别提倡学生就不同的观点进行辩论。老师会关心学生的学习、生活,学生对老师也严格奉行弟子之礼,教学相长,其乐融融。

知识充电站

四大书院:中国古代有四大书院,也称为宋代四大书院。四大书院的说法有很多,其中一种是指江西庐山的白鹿洞书院、湖南长沙的岳麓书院、河南嵩山的嵩阳书院和河南商丘的应天书院。

东林书院:东林书院是明代影响最大的书院,东林学者倡导"读书、讲学、爱国"的精神,引起当时全国学者普遍响应。书院内的名联"风声雨声读书声,声声入耳;家事国事天下事,事事关心",至今仍然激励着求学上进的读书人。

书院里发生的故事

与大多数官学的冷漠、严肃不同,像精舍、书院这样的私学,最大的特色就是融洽、活泼的教学氛围。

学生们为了能进入书院学习,往往不远千里万里,自己带着干粮前来受教。学习环境优美,学习气氛活跃,老师学富五车,学子才华横溢,在这样的书院中,当然会发生许许多多有趣的故事。

书院不同于"正襟危坐"的官学。书院里,老师是倾其所有真诚授课,学生是自发前来真心求学,师生之间的感情特别真挚,他们在学问上互相切磋,在生活上也是其乐

融融。据说,在汉代的某所精舍里,有一位老师名叫边韶,他为人洒脱,十分不拘小节。有一次他大概是熬夜读书了,竟然大白天跑到房间去睡觉。学生看见了,跑到他门前开玩笑说:"先生您真是太懒了,不读书光想着补眠了!"边老师听到后不仅没生气,还乐呵呵地回答:"别看我是在睡觉,脑子里却还在回味书中的文字,与周代的周公在梦里探讨学问呢,可没偷懒!"在书院、精舍这样的学校里,师生之间这样的小幽默、小互动是经常发生的。

不仅生活中充满小智慧,在教学方法上,书院里的老师也有一套大智慧。你看,宋代书院里的陆九渊老师就挺讲究言传身教,特别善于启发式教育。宋代的陆九渊,是一位与朱熹齐名的大教育家,关于他的故事那可太多了,其中有一个是这样的。有一次,一位学生向他请教关于礼的问题:"请问先生,怎样才算是守礼君子呢?"陆九渊看了看他,摇了摇头:"你自己回去想想。"学生挠着头就回去自己思索了。第二天,他又来了,皱着眉头问道:"先生,怎样才算是守礼君子呢?"陆九渊还是什么也没说,继续让他回去自己想想。第三天,学生又来了:"先生,我的头都要想破了,还是没想明白。"陆九渊这次虽然没说话,但也没让学生走。他静静地坐在椅子上,学生也不敢打扰,只能老老实实侍立在一边,给老师端端茶,倒倒水。突然,好像发生了什么大事一样,陆九渊站起来就朝门外走去。学生虽然不明白,但还是赶忙跟上,搀扶着老师走出去,免得老师不小心摔着了。走到外面后,陆九渊停了下来,问学生:"现在,你知道什么是守礼君子了吗?"学生脸上仍是一片茫然。陆九渊继续说道:"在屋里,我不说话,你就很自然地守起了弟子礼。等我站起来,你又下意识地跑过来搀扶我。这些动作并没有人教你做,你完全是发自本心。所谓礼,并不是那么高深的道理,一个人如果能从自己的人性出发,发自本心地去做事,自然就是守礼君子了。"学生恍然大悟,原来老师一直在用行动给自己解释什么叫礼,果然是让人印象深刻的一堂课!

清代的书院

明代末年,清军入关,建立清朝。为了巩固新政权的统治,清政府一开始采取了很严厉的文化政策,禁止私人办书院。

但随着社会趋于稳定,禁令终于形同虚设,书院又渐渐地在社会上兴办起来。但清代的书院与以前相比发生了一些变化,具体来说主要表现在三个方面:一是士绅办学渐渐增多,二是西方教会开始兴办书院,三是书院中的腐败之风日渐严重。

到了清代中后期,除了地方长官大力兴办以外,许多有钱有势的地方士绅也开始个人出资兴办书院。像这样由个人兴办的书院当时在全国各地都有。比如陕西华阴的云台书院，就是知县姚远翻建立的；退了休的官员刘铭传也在安徽合肥兴建了一所肥西书院。此外，也有一些赚了钱的商人开始出资或集资兴建书院，比如天津的问津书院，就是由当时的大盐商出资修建的。

与此同时，西方文化越来越频繁地流入古老的中华大地。西方传教士开始以兴办书院的方式推广西方文化。一百七十多年前的道光年间，英国传教士马礼逊在香港建立了英华书院，这是西方传教士在华建立的第一个书院。此后，各种传教士书院陆续在全国建立起来。

清代书院的腐败主要表现在两个方面：一是书院的山长已经不再像以前的那些大知识分子一样以教育弟子为己任，相反，他们把当山长作为一种投机活动，当成给自己传播名声、谋取利益的途径。很多不学无术之辈通过贿赂官府谋得山长之位，却完全不履行教书育人的职责，书院里的学生很可能几年都见不到山长一面。二是越来越多的学生也不再以求知作为在书院学习的首要目标。由于书院

免费提供食宿，进入书院竟然成为一些人混饭的一种手段，出现了六七十岁还在书院读书的怪现象。

清代的书院虽然看上去热闹，却离书院最初的办学精神越来越远了，再加上近代化进程的不断推进，旧有的书院最终在清代被新式学校所取代。

民间办学奇人：武训

清代士绅阶层有钱有势，他们兴办书院并不奇怪。但同样在清代，却出了一个非常有名的民间办学奇人——武训，他的故事就让人赞叹了。

武训从小就失去了父亲，家境贫寒，只能以乞讨为生。连温饱都成问题的武训，当然没有机会求学了。他年少时，为了养活自己，不得不离家去给大户人家当佣工，在帮佣的过程中受尽了欺侮，尝遍了人间的辛酸。有一次，雇主看武训是个文盲，就做了一份假账欺骗他，谎说三年工钱已经支完了。武训不服，与之争辩，反被雇主诬陷为"讹赖"，

被毒打一顿。他气得口吐白沫，不食不语，病了足足三天。

　　武训自己吃尽了没有文化的苦头，便决心要行乞兴学，让其他贫寒子弟不再遭受自己尝过的苦。

　　21岁的武训开始行乞集资。他手持铜勺，肩背褡裢，烂衣遮体，边走边唱，四处乞讨，他的足迹遍及山东、河北、河南、江苏等许多地方。他将讨来的好衣食卖掉换钱，而自己只吃那些粗劣、发霉的食物。他边吃边唱："吃杂物，能当饭，省钱修个义学院。"在行乞的同时，他还捡收破烂，绩麻缠线，边绩麻边唱道："拾线头，缠线蛋，一心修个义学院；缠线蛋，接线头，修个义学不犯愁。"他还经常给人打短工，并随时编出歌谣唱给主人听。为了筹集资金，他想尽了办法，为人跑腿，做各种滑稽表演扮小丑，甚至将自己的发辫剪掉，只在额角上留一小辫，只为了得到更多的打赏。

　　后来，武训将分家所得的三亩地变卖，再加上历年行乞的积蓄，全部交给别人代存生息，而后又置田收租，他唱道："我积钱，我买田，修个义学为贫寒。"

　　武训置下的资产越来越多，他可以创建义学了。他建起的第一所义学，名为"崇贤义塾"。他亲自跪请有学问的进士、举人任教,跪求贫寒人家送子上学。在义学上学的学生不用交学费,全部由武训置办学田的收益来承担。每逢开学,武训先拜教师,再拜学生。他常来义塾探视,对认真教书的塾师,总是百般感谢。在武训的感召下,义学的师生

无不严守学规,努力上进。

　　武训为了一心一意办义学,一生不娶妻、不置家。当他去世的时候,义学师生哭声震天,民众闻讯泪下,自发送殡的有上万人。像武训这样的奇人,靠着乞讨敛钱,经过三十多年的不懈努力修建起了多处义学,在世界教育史上都是绝无仅有的。

第3章

蒙学小讲

形式活泼的蒙学

古代有没有幼儿园和小学？

古代虽然没有专门的幼儿园和小学，但有类似的学校，就是"蒙学"，专门为进入启蒙教育阶段的儿童所设。其实，早在西周时，面向贵族子弟的小学就有一定启蒙性质。到了汉代有了专门的蒙学，被称为"书馆"。元明时期的"社

学",清代的蒙馆、家塾、族学,都是蒙学。我国古代的蒙学经过长期发展,形成了非常完备的体系。

蒙学有官办的,但更多的是民间自办的。民间自办的蒙学有多种形式,有一种叫作"坐馆"或"教馆",主要是有钱人家专门聘请蒙师在自己家对自己的孩子进行教学的地方;还有家塾或私塾,是指蒙师在自己家里设馆教学;第三种是义学或义塾,是指地方或个人出钱资助,在公用场所设馆教授贫寒子弟;此外还有族学等。

大文学家曹雪芹根据自己的真实经历所写的《红楼梦》中,就出现过各种不同的蒙学。体弱多病的林黛玉在进贾府前,她的父亲就为她请了一位老师在家中坐馆,教她读书习字。这位老师就是贾雨村。当时,贾老师还跟朋友感叹过:"林老爷家的这位小姐可真聪明,教她读书太省事了,就是脾气有点儿怪!"

后来,林黛玉去外祖母家也就是贾府生活,自己是不再上学了,她的玩伴贾宝玉却每天都要去上学。贾宝玉上的是自己家办的族学,贾府出钱出地请老师,专门供贾氏子孙以及一些亲戚朋友家的孩子上学之用。有一次,老师有事早走,就让自己的孙子暂代"班主任"之职。可惜这位"班主任"不够威严,班里的几个调皮蛋一看老师不在,就称起了大王。恰好那段时间,班里来了一位名叫秦钟的新同学,是贾宝玉的死党。那些调皮大王看秦钟不顺眼,于是两班人马斗了起来,甚至打起了群架,把学堂闹了个人仰马翻。看来,名门望族的族学也不太平呀!

大文豪鲁迅曾经专门写文章回忆他上的蒙学。他读书

的地方叫"三味书屋",是清代末期绍兴城里有名的私塾。私塾先生寿镜吾是当时一位非常有名的博学之士,三味书屋本是寿家的书房,寿镜吾先生便在自家书房开馆教学。他为人质朴、敬业,在三味书屋教学长达六十年。三味书屋的"三味"是什么意思呢?其实就是指读书的各种味道,表现了寿老师要求学生安心读书,细细品味书中滋味的良苦用心。鲁迅在三味书屋中度过了他的童年时光,如果你现在去绍兴旅游,那一定要去三味书屋看一看,说不定你还能找到鲁迅在童年时留下的印记呢。

除了坐馆、族学、私塾,蒙学还有一种形式是义塾。前面说过的武训,他办的学校中占很大比重的就是专门面向儿童的义塾。历史上有很多著名的义塾,我们就来讲讲最有名的龙渊义塾。

龙渊义塾之所以这么有名,要归功于一个人——宋濂。宋濂是元末明初的大文学家,他恰好见证了龙渊义塾的建成经过,并记录了下来,写成了《龙渊义塾记》。于是这所几百年前的古老学校,便随着文学家的笔,被后人熟知。

龙渊义塾到底是怎样的一所学校呢?

龙渊即龙泉，相传是欧冶子铸剑的地方。那里山高河险，与交通便利的大城市相距很远，乡间子弟没有上学的地方。有一户姓章的大户人家，祖祖辈辈都把这事当作一块心病，于是当时的章君就谋划创立书院。为了创办书院，章君厉行节约，他的举动也得到了一些亲朋好友的支持，他们纷纷向他提供资助。这样，"龙渊义塾"就建成了。义塾四周灌木丛生，修竹林立，前后荫蔽，十分繁茂。

义塾每年聘请品行端正的人士来做讲师。对于学业长进的学生，义塾会给予奖赏；对那些才学出众却家境贫寒的学生，则给予资助；而那些不能遵循教导的，义塾就惩罚他们。

宋濂在他的文章中评价说：那些修建书院的人，虽然建成的书院规模大小不同，但在引导民众走上正途、匡正世风的目的上都是一致的。修建义塾的人真是志向高远、功勋卓著。

宋濂说得很对。十年树木，百年树人，那些义塾不正有点儿像我们今天的希望小学吗？

知识充电站

社学：明代的社学是设立在城镇和乡村地区的地方官学，数量很多，教学各个方面也比较成熟。有些官员不仅推广社学，还颁布政令，"民间子弟八岁不就学者，罚其父兄"，这就使得蒙学教育具有了一定的强制性，类似于我们今天的义务教育。

灵活的蒙学读书法

入蒙学就读的学生叫"学童",年龄一般在 5 岁到 13 岁之间。那么,学童在蒙学中都学些什么呢?孩子们是怎样学习的呢?

有一首打油诗描绘的就是私塾里学童学习的情景:

一阵乌鸦噪晚风,

诸生齐放好喉咙。

赵钱孙李周吴郑,

天地玄黄宇宙洪。

《三字经》完翻《鉴略》,

《千家诗》毕念《神童》。

其中有个聪明者,

一目三行读《大》《中》。

读着这首诗,我们的眼前仿佛就出现了古代一所私塾中的景象:

正是傍晚快要放学的时候,突然一阵吵吵嚷嚷犹如乌鸦乱叫的声音打破了黄昏的安静,原来是私塾里的孩子们

扯着嗓子在读书呢!有人在读《百家姓》:赵钱孙李周吴郑……有人在读《千字文》:天地玄黄宇宙洪……读完了《三字经》又开始读《鉴略》,读过了《千家诗》又读起了《神童》。这里面有个机灵鬼儿,读得最快,只见他一目三行,已经读起了《大学》和《中庸》。

这首诗里提到的《三字经》《千字文》等都是蒙学里必备的教材。学童进入蒙学主要是接受基础教育,要学习读书、习字、作对、算术等基本课程,以便为将来的深造打好基础。中国古代的教育家们在长期的教学实践中编写出了一整套有趣有用的启蒙教材,比如《三字经》,"人之初,性本善,性相近,习相远,苟不教,性乃迁",每句话都很好理解,说的却是非常深刻的道理,三字一句,读起来朗朗上口。孩子们就在这种近似于儿歌的熏陶中学会了文字,也明白了做人的道理。

和我们今天小学分不同的年级授课不同,古代蒙学采取的是"个别教授"法,一个老师可以在同一间教室教授不同水平的学生。同时,十来个学生可以按学习程度读不同的书,比如在同一间教室里,可能这边三个小孩子在读《三

字经》《千字文》,那边两个稍微大一点儿的在读《论语》,角落里两个读《孟子》,还有三个读《诗经》、两个读《左传》……他们在同一个老师的教导下,共同高声朗读。对于同读一本书的学生,老师也可以按他们不同的记忆力、理解力水平要求他们读不同的内容。

一位老师是如何给不同水平的学生同时授课的呢?不用担心,老师自有办法。

以读书课举例吧,每天,老师要给不同的学生规定读多少句生书。有位叫小虎的学生读的是《论语》,他先恭恭敬敬地走到讲台前,老师读一句,小虎跟着读一句,重复几遍,直到小虎自己能很熟练地读出来,老师再给他讲解这句话的意思,如此反复,直到小虎学完了当天的新内容。小虎回到自己的课桌上后,再换一位同学。这时读《孟子》的小武,走上讲台,老师也教他一句一句地读下去。当老师在教小武读书时,其他的学生则在自己的座位上复习已经学过的内容。这景象可热闹了,孩子们一个个摇头晃脑地大声朗读着,这个读一句"子曰,学而时习之",那个读一句"富贵于我如浮云"……没有人敢偷懒,因为先生是要检查功课的。如果已经学过的内容没记住，老先生就会很不客气地拿起戒尺打手心，那滋味可不好受！

我国古代的蒙学除了教给学生基本的文化知识，还十分注重孩子们的教养教育，要求学生们从小就养成良好的道德品质和生活习惯。大教育家朱熹就专门为学童的日常行为订立了一整套的行为准则，穿衣、姿态、行路、视听都有很严格的规定——平时侍奉长辈要恭敬，走路站立一定要昂首挺胸，待人接物一定要谨慎，仪容要庄重，衣冠要整洁，个人卫生也不能疏忽。

蒙学对孩子们的要求是严格的，但蒙学并不枯燥，特别是一些有见识的教育家主办的蒙学，十分注重寓教于乐的教育方式。他们根据儿童的心理特点因势利导，激发儿童的学习兴趣。比如说，他们会把洒扫、应对、侍奉长上的行为规范和一些历史文化知识编成儿歌，让孩子们早晚吟唱，还经常开展咏歌舞蹈的文体活动，使学生们在愉快的学习过程中逐渐领会知识。

除了一些文化类的蒙学教材，古代还出现了一种蒙学课本，叫作"杂字书"，其内容贴近生活，有趣又有用。比如

与农耕生活有关的《庄农日用杂字》:"面饼大犒赏,豆腐小解馋。说的咱家话,财主却不然……"还有一本《六言杂字》:"黄花金针木耳,蘑菇大料茴香。……大伯小叔侄儿,丈人岳母姑娘。"真是太有趣了!

知识充电站

蒙学教材:古代蒙学的教材有《急就篇》《三字经》《百家姓》《千字文》《千家诗》《幼学琼林》《十七史蒙求》《名物蒙求》等。

蒙学学多久:进入蒙学学习的时间并不固定,有"短学"也有"长学"。"短学"一般只有一至三个月不等,家长对这种蒙学要求不高,只求自己的孩子能识些字、能记账、能写对联即可。"长学"每年农历正月半开馆,到冬月才散馆,学生学习的时间长,学习的内容也多。

蒙学好不好,蒙师很重要

蒙学的教育水平和蒙师的水平有着直接的关系。当一个蒙师可不简单,既要传授文化知识,还要充当临时保姆。家长把小小孩童送入蒙师办的私塾,可不能让孩子出事呀。明清时社会上流行着一首《训蒙歌》,说的就是蒙师的不容易:"牢记牢记牢牢记,莫把蒙师看容易。教他书,须识字,不要慌张直念去……教完书,看写字,一笔一笔要端详,不许糊涂写草字……非吃饭,莫放去。出了恭(上厕所),急忙至,防他悄悄到家中,开了厨门偷炒米。清晨就要来,日落放他去。深深两揖出门外,彬彬有礼循规矩。若能

如此教书生,主人心里方欢喜。"

你瞧,当个蒙师有多辛苦!不仅要督促学生读书写字勤用功,连自己上个厕所都要掐着时间,以防淘气的学生趁机跑到家里的厨房偷炒米吃。

蒙师当得不容易,好的蒙师更需要有渊博的文化知识。而实际上,塾师之间的文化水平悬殊,他们当中既有像蒲松龄、郑板桥那样的文化名人,也有不少粗通文墨的腐儒。如果运气不好碰上没有真才实学的蒙师,那孩子们只能"两眼一摸黑"了。

清代的文化名人,扬州八怪之一的郑板桥,年轻的时候因为家中贫寒当过蒙师。据说后来回忆起当蒙师的经历,郑板桥写了一首自嘲的打油诗,题目就叫《自嘲》:

> 教馆原来是下流,
> 傍人门户过春秋。
> 半饥半饱清闲客,
> 无锁无枷自在囚。
> 课少父兄嫌懒惰,
> 功多子弟结冤仇。

而今幸作青云客，

遮却当年一半羞。

即便用我们今天的大白话翻译过来，这首诗依然充满了无奈和嘲讽：

本来神圣的教师行业已经变成末流了，只有日子过不下去的人才干这个。做蒙师，完全是靠学生家长给的可怜的束脩才能维持生计，通常也就混个半饱。课少了，家长说老师懒惰，课多了，学生们又觉得老师不近人情。唉，那样的日子过得太苦啦！如今，我终于功成名就了，可是好像只遮

住了曾经一半的羞耻，真是心酸呀！

写出了《聊斋志异》的大文学家蒲松龄也曾做过私塾里的教书匠。但是他没有郑板桥幸运，他做了一辈子的塾师，最后在贫寒中离开了人世。

郑板桥和蒲松龄的故事其实反映了当时社会上蒙师的普遍状况：明清时期，朝廷并不重视蒙学教育，蒙师的社会地位越来越低，生存境况也越来越差。因为这个原因，有点儿才识的文人都不愿意当蒙师，导致蒙师的水平参差不齐，真正有水平的蒙师越来越少了。

如果能碰上郑板桥、蒲松龄这样学识渊博的蒙师，当然很幸运，然而也有很多蒙师文化水平很低，滥竽充数，有的甚至连《三字经》《千字文》都读不下来。学生们对于这样的老师实在尊重不起来，私底下嘲笑说"先生不如鼠"，意思是，老鼠饿极了还会去故纸堆里啃书吃呢，我们的蒙师却不学无术，妄称先生！

明清一些有识之士对于蒙师的生存状况很是担忧,他们经常感叹:蒙师的责任至关重大,可是社会风气却很看不起蒙师,人们只看重科举考试,对蒙学教育嗤之以鼻,真是本末倒置!

其实,蒙学教育属于社会的基础教育,而蒙师的水平直接决定蒙学的水准。好的老师才能给孩子们打下坚实的知识基础,基础打好了,以后的深造才会顺理成章、自然而然。明清时期的蒙学衰落也给了今天的我们很多警示。

读故事
品国粹

第4章

古代学校文化

束脩与学费

在九年义务教育阶段，我们是不用交学费的。那么，在古代，学生上学需要交学费吗？古代的学费贵不贵？

其实，古代学校的学费可以说有，也可以说没有。

有人说，孔子要求弟子拜师时带上束脩，也就是十条肉干就可以了。此后，束脩就成为我国古代学费的代名词

了。

那不就是有学费吗？怎么又说没有呢？

其实孔子让弟子带给他束脩并不是真的要肉干，而是让学生带点儿见面礼，能表达对老师的敬意即可。在孔子看来，礼物不需要贵重，带点儿自己能负担得起的赘见之礼，表达的是尊师重教的礼节。话说回来，孔子难道就那么

稀罕弟子的几条肉干吗？传说他弟子三千，收那么多肉干怎么吃得完？

所以，关于"束脩"之义，这里采用的是其中的一种说法，即束脩是学生送给老师的见面礼，它用来表达对老师的感恩和敬意，和我们现在的学费并不完全是一回事。束脩虽然不用很昂贵，但代表了学生的诚心，所以要用心准备。举个例子吧，唐代国子监的学生拜师，就要准备一整套的束脩之礼，摆上束帛一筐、酒一壶、脩一案（其实就是几捆好布料、一壶好酒、一桌吃的）。就算是皇子拜师，也是这些物品，但数量有时不同。等到拜师的那一天，学生们要穿上学生装前往学校，在门外将束脩排列整齐，置于西南面，然后进去对老师恭恭敬敬地行拜见之礼："从今天开始，学生就要让老师费心教导了，请您接受我的拜见吧！"

场面很大，不过，细心的你一定发现了，哪怕是在全国最高学府，学生们所带来的束脩其实也少得可怜，简直都显得寒酸了。因为，这就是我国古代对学校教育的态度：求学的机会千金难买,所以不能用金钱衡量;老师对学生的教诲恩重如山,所以要诚心备礼以示敬意,东西的多少倒在其次。正因为在古代,老师收取的束脩都微不足道,对于一些私学的老师来说就不太妙了。官办学校的老师有政府发薪资,名气大的老师自己就有钱,可是那些在乡学私塾里办基础教育的老师本来就没什么钱,又不能明目张胆地收取高昂学费,所能拿到的束脩往往仅够糊口而已。

有一个故事说的就是私塾老师的清贫生活。有两个秀才,都以做塾师谋生。有一天,他们俩正好在下班的路上相遇。姓黄的秀才就问姓郭的秀才:"今日你那边得到的束脩有多少?"郭秀才一脸无奈地回答道:"能有多少?每月几文钱,根本干不了什么事,只图个早晚吃饱,不用另外再花费柴米钱罢了!"

然而安贫乐道的老师们却觉得,能把自己所学的知识传授给孩子们,大概是世界上最幸福的事了。

知识充电站

束脩六礼:"束脩六礼"是指古代行拜师礼时弟子赠予老师的礼物,分别是:芹菜,寓意为勤奋好学,业精于勤;莲子,心苦,寓意为苦心教育;红豆,寓意为红运高照、宏图大展;枣子,寓意为早早高中;桂圆(龙眼),寓意为功德圆满(启窍生智);干瘦肉条,用以表达弟子的心意。

隆重的入学仪式：入泮礼

上学的第一天，对于学生来说是一个非常特殊的日子。出发前，父母会帮你做最精心的准备，你穿戴整齐、精神饱满地上学去了。来到校园里，到处彩旗飘扬，随着音乐声，隆重有序的开学仪式拉开了序幕。

那么，古代有没有开学仪式呢？人们怎样宣告学生生涯的开始呢？

其实，我们的先人同样注重开学，对古人来说，入学是一件极其重要的事，他们的入学仪式也格外庄严肃穆。

古时学生入学要行一项大礼，称为"入泮礼"。这里的

"泮"，其实就是指我们之前提到过的出现于西周的学校"泮宫"。自从西周以后，泮宫就成了学校的代名词，后来，人们就把入学仪式称作"入泮"了。

那么，入泮礼都有哪些程序呢？这要说起来可真不简单。让我们去看一场明代的入泮礼吧！

瞧，在那座繁华热闹的都市的护城河边，有一条名叫文思巷的胡同，胡同里住着一户蔡姓人家。这一天对于蔡家来说可是个大日子——他们家的小儿子蔡石通过了童生试，成为当地最小的生员，要参加生员的入学仪式了！

天刚蒙蒙亮，蔡家就行动起来了，小蔡石激动得一夜都没睡好！家人给小蔡石穿上了干净整洁的新衣服，洗脸刷牙梳头发，打扮得可真神气，连早餐都比平常的要丰盛许多。一切收拾妥当，小蔡公子在仆童的陪伴下出发了，他们的目的地是离家几条街远的学宫。

来到了学宫,已经有许多年龄不一的学生等在那里,大家都很兴奋又有几分紧张。又等了一会儿,入泮礼就正式开始了。严肃的先生先给每个人发了一套学服,用意是告诉孩子们:从今天起,穿上了学服,你就是一名踏上科举仕途的学生了,可不能再像以前那么淘气捣乱了。

小蔡石和大家一起换上了新的学服,之后他们排着整齐的队列经过泮池,跨过壁桥,被带到了孔子的塑像前,依次进行洗手礼、拜笔礼。咦,为什么还要洗手、拜笔呢?这是因为,在古人看来,读圣贤书是一件很神圣的事情,一定要以最干净的面貌来对待,洗手就是洁净身心;而上学之后,最常用到的就是笔,拜笔表达了对知识的尊重,就好像是对着笔立下誓言:笔兄,以后我的学习都要仰仗你了,我一定会好好学习的,借你的力量书写真正的学问,决不敷衍了事、胡乱应付。

紧接着,小蔡石学着前边同学的样子,向先生敬茶、作揖,先生还礼后,整个入泮礼才算结束。

走完这一整套程序,小蔡公子可累得够呛。可是他心里很高兴:入泮礼是那么严肃庄重,他觉得自己仿佛一下

子就长大了,应该像个大人一样做大事了。先生对他说,行了入泮礼,他就成了国家的学生,要努力学做一个有德行、有教养的人,只要勤奋用功,顽石也能被雕琢成美玉。蔡石

暗暗发誓:一定要努力学习,早日成为美玉之器!

　　同入泮礼直接相关的,还有另外一个有趣的仪式,叫作"重游泮水"。学生们从第一天入泮算起,如果满了六十年后,就可以在入泮的地方聚会庆祝。到那个时候,回首往事,想起自己的求学之路,恐怕会深有感触吧!这是不是有点儿像今天的学生们毕业十年、二十年、三十年后的校友聚会?刚入学时,大家怀着求知之心从四面八方欢聚而来,多少年后,大家早就步入了各自不同的人生阶段,再相会时,容颜已老,心态各异,谈起往昔,多让人感怀啊!

知识充电站

入泮礼:入泮礼的具体仪式在不同的时代、同一时代的不同地方都不尽相同。有的地方,入泮礼还有点开学灯的习俗。相传在开学当天,在学堂受学的学生都要手提灯笼到学堂,请老师为学子点灯,取"燃灯光明、照亮学子前途"的好兆头之意。还有些地方的学堂,入学当天学生们要击鼓明志,以表明自己一心向学的信念。

尊师与拜师

中国古人极其重视学校教育,一个很重要的表现就是特别尊重老师,这从古人对老师的称谓上就能看出来。古人除了尊称老师为"夫子""先生""恩师"外,还有一个很特殊的称号——"西席"。这里面是有故事的。

在我国古代,一般以靠西的座位(即面向东方)为尊者的座位。汉代的汉明帝还是太子的时候,拜了一位老师叫桓荣,桓荣教授了他很多学问,他也很尊重这位老师。汉明帝登上皇位后,对他的老师桓荣依然十分尊敬,还常常到桓荣居住的太常府去看望他。每次去,汉明帝都让桓荣坐

面向东的位子,并且亲自替桓荣摆好桌案和手杖,听桓荣讲解经文。汉明帝让老师坐于面向东方的西席,是以老师为尊的意思,表达了对老师的尊敬。此后,人们就把老师尊称为"西席",为子女请老师被称为"延请西席"。

一国皇帝都对老师如此尊敬,可见在古人的眼中,老师的地位是多么崇高。孔子被看作"至圣先师",所以在我国古代,汉及以后的历代帝王都要祭祀孔子,在国家培养人才的最高学府——太学,也要供奉孔子。老师对于一个人的"才""德"有重要的培育之功,所以,在古人的观念里,最要敬畏的"天地君亲师"之中,老师被排列在与君王、父母同等的地位。人们把老师给予的恩德与父亲相比,因而老师又被弟子称为"师父","师徒如父子"

是古来敬师的名言。

正因为人们如此尊重老师，拜师进学就成为一件极其重大的事情。拜师成功与否不简单，拜师成功后如何侍奉老师更不简单。

宋代有一位非常有名的思想家程颐，是当世大儒，很多人都想拜他为师，向他求教学问。有一次，两位年轻人杨时、游酢，相约去程颐家拜师。那天刚好下起了大雪，两人赶到程家时，不承想程老先生正坐着闭目养神呢！二人为了不影响先生休息，就立在门外等候。程颐这一坐不知过了多久，当他睁开双眼时，发现门外的雪都已经一尺多厚了，杨时与游酢已经成了"雪人"。这就是"程门立雪"的故事。

在我国古代，像这样诚心拜师、以师为尊、以师为重的故事不胜枚举。其实，人们不仅在拜师时体现了尊师重道的传统，平

时上学时的礼节也处处体现出了学生对老师的尊重。以清代学生为例:拜师的时候,学生要拿着见面礼在学堂外等待,等到老师召见了,学生才能进去将礼物献于桌上,先向孔子牌位跪拜,然后向老师行跪拜礼,老师站立以揖礼相答,这才算拜师礼成;以后每天早晨入学堂、晚上出学堂见到老师,学生都要对老师作揖行礼;课堂上老师提问,学生必须站立起来回答;向老师请教时学生也要起立,老师讲解的时候学生要垂手恭听,老师命他坐下,学生才能坐下,这种起立、恭听的礼节一直延续到现在。

古代学校也放假

如今每年一到七月份，学生们就开始放暑假了；而二月份，则是放寒假的时间。除了这种集中性的长假之外，我们平时还有许多小假期，比如周末、节日假。所以，现代的学生还是很幸福的。那么，古代的学生是不是也像我们一样有假期呢？

其实，学生放假制度在我国源远流长。早在汉武帝时期，就创设了正规的学生休假制度，不过那时的假期是只有太学生才能享受的福利。

到了隋唐时期，政府正式确立了国子学学生的放假制

度。那时的国子学学生们要放三种假。

　　第一种是常假,就像我们今天的周末,但与我们的七天一周不同,古人是以十天为一旬,学生每一旬放假一天。当时的国子学设在京都,学生们大都住校就读,所以放常假时,外地的学生是没法儿回家的,这样的假期主要是让学生们休憩休憩,调整一下状态。辛苦学习了一旬的国之骄子们在放常假的日子里,往往会邀几个好友,三五成群逛逛街,购买一些日用品;也有人会跑去京都有名的菜馆改善一下伙食;而那些平时就很有文艺范儿的少年郎,则会相约去郊外踏踏青,聊聊人生理想,或是去名胜品茶论诗,开启头脑风暴。

　　常假之外还有两种长假,这就有点儿像我们的寒暑假了。到了每年农历五月间,天气渐渐热起来了,正是植物茂盛、田里麦子成熟之际,这时候学生们要放"田假"。田假大概要放一个多月,外地的学生就可以回家了。学校放这种假的用意,是让学生们不要死读书,要参加劳动,回家帮忙务农。还有一种长假称为"授衣假",也是放一个多月,大概在每年的农历九月份放。进入九月,天气渐渐转凉,学生们需要添加衣物，授衣假就是专门让学生回家准备冬衣的假期。田假让学生们得以返乡参与家庭劳动，授衣假让学生们可以回家准备抗寒衣物。可见在那时候，我国的学校还

是很有人情味的。

　　有人可能要说,古代又没有发达的交通工具,住得远的学生岂不是要把时间都浪费在路上?太亏了!放心,学校放假时对于那些家住京都一百公里以外的异乡学生会给予特殊照顾,把用于赶路的时间从假期中扣除,也就是说,专门给外地学生留出赶路的时间而不算在假期时间中,外地学生大可放心了。

　　不过,可不要因为学校的这种人性化管理就觉得有机可乘,假放完了还想在家多赖几天,那可不行。校方对国子学学生放假有着严格的规定。例如,有的学校规定:"凡逾期返校者开除学籍。"假期结束还没有回到学校就会被开除,这比我们今天的规定要严厉多了。

　　随着国子学的发展变化,学生放假制度也在发生着变化。到明代时,就没有田假和援衣假了,学生的假期也越来越少,要想放假回家,还得皇帝批准才行。

考核与学制

我国现在实行的是从小学到初中的九年制义务教育制度,小学之前孩子们可以上幼儿园,初中之后可以上高中或者技术学校,通过高考还有机会进入大学进行深造。那么,我国古代学校的学制是怎样的呢?上学有年限设置吗?如何对学生进行考核呢?

在古代,儿童进入蒙学的年龄和学习年限一般没有严格的规定。以西周小学为例,贵族子弟根据身份等级的不同,进入小学的年龄有早有晚,越是身份高贵的,入学的年龄也越早。这在之前的章节中已经介绍过了。在小学学多久也因人而异,有些资质好、出身好的学生,会很快完成小学的学业进入大学深造,而那些资质平平或是家境不太好的学生,也许读几年书,只学会了识几个字、背几篇文章就结束学业了。

进入大学之后,政府对于学制就有严格的规定了。巧合的是,从西周开始,我国古代官方学校的学制一般也是九年。

西周的官学,每年只有一次入学时间,隔年则需要考核一次。第一年考查学生是否辨明志向,第三年考查学生是否专心学习、能否和同学和睦相处,第五年考查学生是否博学和亲近师长,第七年考查学生是否拥有独立的见解和择友能力,这些都达标了,就算是学业小成了;如果到第九年能做到触类旁通,铸造了坚忍的性格而不违背师训,就是大成,学生们可以毕业做官了。

到了两汉太学,并无明确的学习年限规定,但考试十分严格,西汉时每年考试一次,方式是"设科射策"。

隋唐时期的官学明确规定一般招收14岁到18岁的官员子弟,而律学学生的招收年龄为18岁至25岁。学生

一般的学习年限为九年,书学和律学为六年。考试分"旬考""岁考""毕业考"三种。旬考内容为十日之内所学的课程,不及格者要接受处罚。岁考内容为一年之内所学的课程,不及格者留级。毕业考及格的同学才能取得参加科举考试的资格。若经过九年的学习最后却没有通过毕业考,就会被要求退学。

宋元时期的学校在学习制度上有所改革,较为突出的

是北宋王安石在太学实行了"三舍法",即将太学生分为外舍、内舍、上舍三个等级,生员必须依照学业程度,通过考核,依次升舍,外舍升内舍,内舍升上舍。而在平时的学习中,学校针对每个学生都会有"行"(品行)和"艺"(学业)的考查记录,每月由任课教师举行"私试",每年则由学校举行"公试",合格者才能依次升舍。到了元代,学校又将学生分为三等六斋,通过考核积分逐级升斋。明代沿用元代的积分制。清代以后,这样的学制已名存实亡,许多学生入国子监读书只是想熬年头儿罢了。

知识充电站

设科射策:"设科射策"类似今天的抽签问答,分甲、乙两科,两科有难易程度的区别。在考试中,如果发现学生的资质十分平庸,或是对于指定的经书完全不通,就会勒令他退学。东汉中期,考试改为每两年一次,通过者就被授予官职,未通过者留下继续学习。

元明两代的积分制：入国子监就读的学生必须先入低级班，一年半以后，文理通者升中级班，再过一年半，"经史兼通，文理俱优"者升入高级班，而后采用"积分制"，按月考试，一年积满八分为及格，这样就可以待补为官，不及格者继续在国子监学习。

学校教育中的女性

一说到古代的老师,大多数人的脑海中可能会浮现一个白胡子老爷爷的样子,不过你知道吗,事实上也可以是白发苍苍的老奶奶——我国古代也是有女老师的。

魏晋南北朝时期的前秦,有一位著名的"宣文君",她是历史上第一位女博士。宣文君姓宋,是前秦的一位大官太常韦逞的母亲。这位韦夫人出身于一个儒学世家,从小跟着父亲学习儒家经典。父亲对她说:"我们家没有男孩子可以继承我的学问,我看你天资聪颖,就把一身的学问都教授给你,你可要好好努力,别让这门学问在世上消失!"

韦夫人牢牢记住了父亲的教诲,即便在动荡不安的战乱年代,她依然怀抱父亲所传之书,时时温习,成了一代大学问家。后来,韦夫人有了自己的儿子韦逞,她在韦逞还很小的时候便开始教授他各种学问。那时,韦家的生活很清苦,她便白天打柴,夜里教儿子读书。后来韦逞通过自己的努力当上了朝廷的太常大人。

当时的前秦,由于经历战乱,很多人才和书本都毁于战火,太学里的课程并不完备。特别是周礼这门课,由于找不到合适的有才学的老师,就一直空缺着。有一位与韦逞交好的博士就对国君进言:"太常大人的母亲从小学习家传的学问,精通周礼,虽然现在已经八十岁了,但耳不聋、眼不花,完全可以当学生们的周礼老师。"国君听了很高兴,就请韦逞的母亲在她自己的家里设立讲堂,选派了一百二十名学生去讲堂学习。由于古代社会重视男女之别,所以韦夫人讲学时总是与学生们隔着一道纱幔,学生们只能听见老师的声音却见不着老师的面。由于这位韦夫人的不懈努力,周礼之学才在前秦重新盛行起来。为了表彰韦夫人推广文化、宣倡周礼的功绩,国君赐予韦夫人一个名号,叫作"宣文君",用我们今天的话来说,就是"宣传文化的老太君"。

既然有女老师,那么有没有学校招收女学生呢?在我国古代,一般的官学和私学都是不招收女学生的。直到明代末年,出了一个"异端",那就是当时鼎鼎有名的大学问家李贽。说李贽是"异端",那是因为在当时来看,他说话很

出格，行事也很出格。在男尊女卑思想盛行的时代，他公开批判歧视女性的观念，为女性发声。后来，李贽到了湖北的芝佛院著书讲学，还在自己的学院里招收女学生。他不仅允许女学生们来听自己的讲座，也会和女学生们通过书信来切磋学问，平等对待女学生。

李贽的"异端"行为在当时的社会上引起了轩然大波。"卫道士"们说他败坏风俗，振振有词地谴责李贽："妇女头发长见识短，根本没有资格学习圣人的学问！"李贽反驳道："虽然妇女们的活动被限制在庭院之中，但活动空间狭小不代表见识就短浅。男子也不是都见识深远。自古以来就有很多优秀的女子，她们是远超普通男子、打着灯笼都找不到的人才！"

李贽在学院里招收女学生的事虽然只是昙花一现，不成规模，也未能得到认可，但体现了当时女子对上学的渴望和男女平等思想的萌芽，而真正意义上的女校，直到民国才出现。

知识充电站

历史上其他著名的女老师：汉代有一位杰出的史学家、文学家班昭，她学识渊博，经常被征召入宫做六宫的教师。因为她嫁给了曹世叔，所以被尊称为"曹大家"。南朝齐国吴郡（今江苏苏州）的韩兰英擅长文辞，齐武帝命她为博士，教六宫书学，当时人们尊称她为"韩公"。

古代的学生守则

在现代的学校里,老师会教给学生校规校训,还会发给学生一本小册子,名叫"学生守则",一边发一边告诉大家:"回去好好看看,要谨记于心!"

那么,古代的学生要不要像我们一样背诵"学生守则"呢?回答当然是肯定的。

从学校出现以来,就有各种各样的校规、守则需要学生遵守。早在战国时的稷下学宫,就已经有了完备的校规——《弟子职》。校规对从学弟子的要求很是严格。其中,总则是这样说的:"先生施教,弟子要遵照学习。谦恭虚心,所学才能通彻。见善要跟着去做,见义要身体力行……"校规还对弟子们的学习、个人卫生等提出了各种要求,堪称世界教育史上的第一个寄宿学校的学生守则。朱熹重建白鹿洞书院时,制定了《白鹿洞书院学规》,实施"五教":"父子有亲,君臣有义,夫妇有别,长幼有序,朋友有信。"他还为此提出了为学、修身、处事、接物的重要原则。《白鹿洞书院学规》不仅成为南宋时期书院的教规,对后来的书院也影响很大,还被官学所采用。

经过几代人的总结积累,到了清代,出现了一本比较全面完整的学生守则——《弟子规》。《弟子规》的内容十分全面,也被称为"天下第一规"。

《弟子规》原名《训蒙文》,主要针对蒙学的学童而写,目的是对孩子进行启蒙教育,列述了小学生在家、出外、待人、接物与学习上应该恪守的规范。

那么，被称为"天下第一规"的《弟子规》到底说了些什么内容，让大家这么称赞它呢？让我们一起翻开《弟子规》，选读几句看看吧。

"朝起早，夜眠迟，老易至，惜此时；晨必盥，兼漱口，便溺回，辄净手"，这说的是日常起居规范：早晨要早点儿起床，不要睡懒觉，晚上有时间要多读点儿书，时光匆匆要珍惜；晨起要洗漱，便后要洗手，做个讲卫生、爱干净的好孩子。

"冠必正，纽必结，袜与履，俱紧切；置冠服，有定位，勿乱顿，致污秽"，这说的是平时的仪容要端庄整洁：帽子要戴正了，纽扣要系好，袜子和鞋子要收拾齐整；要有固定的放衣服和帽子的地方，不能乱放乱扔导致衣冠不洁。

"凡是人，皆须爱，天同覆，地同载；行高者，名自高，人所重，非貌高"，这说的是要自爱爱人：人人都是平等的，都需要爱与被爱，因为大家处在同一片蓝天下；那些品性高洁的人自然会受到大家的尊重，人们所看重的，是内心的善良，而不是外表的美丑。

《弟子规》不仅说了很多个人修养方面的内容，还对如何好好学习提出了有见识的看法。"不力行，但学文，长浮华，成何人；但力行，不学文，任己见，昧理真"，说的是学习要和实践相结合，光学不做，就会变得轻浮；光做不学，就会固执己见，难以知晓真理。"读书法，有三到，心眼口，信皆要；方读此，勿慕彼，此未终，彼勿起"，说的是读书有三到，心到眼到口到，认真阅读，大声朗读，用心揣度，千万不

要还没学会这个就又想学那个,贪多嚼不烂。

....

总体而言,《弟子规》作为古代的学生守则,它的内容都是教育孩子们在日常生活中孝敬父母,友爱兄弟姐妹,言行谨慎讲信用,对他人平等仁爱,要时常亲近仁德的人,多学习经典文化艺术知识。这些对于塑造学生的端方人格是大有益处的。古人尚且如此,作为今天的学生,自然更应严格要求自己,提升自己的修养。

知识充电站

《弟子规》:《弟子规》是清代康熙年间的秀才李毓秀所作,其内容采用《论语》"学而篇"第六条"弟子入则孝,出则悌,谨而信,泛爱众,而亲仁。行有余力,则以学文"的文意,共有360句,1080个字,三字一句,两句或四句连意,合辙押韵,朗朗上口。